LA
FRANCE SAUVÉE,

OU

LA FACTION DÉVOILÉE.

L'impunité enhardit le crime
et le multiplie.

PRIX : 75 CENT.

PARIS.

IMPRIMERIE DE PIHAN DELAFOREST (MORINVAL),
RUE DES BONS-ENFANS, N°. 34.

SEPTEMBRE 1829.

LA

FRANCE SAUVÉE,

OU

LA FACTION DÉVOILÉE.

Le drame commence ; il finira sans effusion de sang, sans anarchie et sans qu'il soit besoin de dresser des échafauds, pour y sacrifier les victimes imaginaires et sorties du cerveau turbulent de la faction libérale qui, elle seule, ferait ruisseler des torrens de sang si le peuple français voulait se laisser de nouveau subjuguer par des factieux, toujours disposés à semer la discorde, en se rangeant sous leur bannière.

Le trône auguste, affermi de plus en plus par les vertus des Bourbons, ne peut être ébranlé par les nouveaux machiavélistes ; c'est en vain que les régicides de toutes les couleurs et de toutes les classes s'agitent et trament contre la monarchie. Rien n'échappera à l'œil vigilant des nouveaux dépositaires de la puissance royale. Français ! rassurons-nous, le Roi, dans sa sagesse, vient de s'entourer de fidèles et zélés ministres, que toutes les clameurs, les vociférations, non plus que cette profusion de pamphlets séditieux et calomniateurs répandus depuis quelques jours par la faction ambitieuse et désorganisatrice, n'ébranleront pas ; ils sont et resteront fidèles et forts : leur dévouement à la patrie est le plus sûr garant de la tranquillité et du bonheur publics, que la malveillance s'attache à détruire, au risque même de l'animadversion publique qu'elle s'attire depuis long-temps, et qu'elle n'a que trop méritée.

LES PRÉROGATIVES ROYALES DOIVENT TOUJOURS ÊTRE RESPECTÉES.

Le Monarque, usant du droit que lui accorde ou assure la Charte, nomme tels ou tels ministres et les révoque selon sa volonté.

La monarchie légitime était menacée depuis long-temps. Le pouvoir qui naguère tenait tous les moyens de la conserver intacte et inébranlable, a trop fait de concessions à la faction ennemie. Il était tout naturel, il était même dans l'ordre qu'il échouât et disparût.

Un ministère nouveau, ferme, sage et voulant le bien, est nommé par le Roi ; mais la faction qui, dans son délire, cherche à mettre tous les esprits en effervescence, et à les porter à la révolte, à la rébellion, sera déjouée, et tous ses ténébreux efforts seront vains. Que veut-elle, enfin ? que demande-t-elle ? Le Monarque a choisi et bien choisi ; il en était le maître. Toute manœuvre contre cette nomination royale n'est-elle pas dès-lors un acte de rébellion à son auguste volonté. Improuver même publiquement son choix, c'est provoquer à la révolte, c'est appeler sur soi le châtiment le plus justement mérité!...

Le ministre, contre lequel la faction véritablement ennemie du bonheur de la France, dirige ses calomnies, ses sarcasmes, ses épithètes grossières et injurieuses, ses rires sardoniques (c'est contre M. le prince de Polignac), n'a contre lui que d'être un des plus zélés et fidèles sujets du Roi, et d'être l'ennemi de tous les factieux qui ne rêvent qu'anarchie, désordres et révolutions; et c'est principalement à sa personne que s'attache la haine libérale : disons la haine révolutionnaire et son cabinet directeur. M. le prince de Polignac a passé une partie de sa vie à défendre les intérêts de l'auguste famille des Bourbons; il a tout fait pour la monarchie légitime et il contribua puissamment à la restauration. Sans doute, son mâle courage fera trembler et pâlir le crime, en quelque rang qu'il se trouve, et ces hauts, salutaires, nobles et généreux sentimens, sont les premières vertus qu'apportent avec eux ses nouveaux collègues.

M. le prince de Polignac ne changea jamais de couleur : il aime son Dieu, son Roi, et sa patrie. Il voudrait même pouvoir abattre ce mur qui divise et sépare depuis trop long-temps les Français, d'avec ceux qui dégradent ce glorieux nom, même aux yeux de l'étranger, pour ne voir plus de toute la France qu'un peuple de frères. C'est aussi le vœu et le profond sentiment de ses collègues. Tous ont une tâche non moins pénible à remplir, celle de cicatriser les plaies que des intérêts privés et des divisions intestines ont faites à la France ; mais que la faction anti-royaliste et anti-ministérielle s'efforce à rouvrir plus largement encore.

Passons maintenant et rapidement, comme en revue, la vie politique de MM. les ministres actuels de l'intérieur, de la justice, de l'instruction publique, des affaires ecclésiastiques, de la guerre, de la marine et des finances ; tous dignes émules de M. le prince de Polignac, et qui consacreront toujours tous les instans de leur vie à travailler au bien et à la prospérité de la France, car ce n'aura pas été en vain que le Monarque les aura revêtus de sa puissance et dont ils seront jaloux de se montrer les plus fermes appuis : leur serment à cet égard sera religieusement gardé. Ils seront bénis de tous les Français.

Il est évident que ces nouveaux dépositaires de la puissance royale effraient déjà l'anarchie, le despotisme, l'arbitraire. Les clameurs des insensés ne laissent aucun doute sur cette vérité, qui décèle déjà leur effroi et leurs coupables sentimens. Aussi, depuis ce nouveau et salutaire ministère, les journaux, les feuilles, les pamphlets du parti libéral ne cessent-ils d'appeler et crier à la révolte; on dirait même qu'un incendie général vient de consumer la France entière.

« Demandons à ce parti si éploré, si doulouré,
» où sont donc les actes hostiles du nouveau
» ministère, ces haches dans les mains des bour-

» reaux, prêtes à frapper les coupables déjà entas-
» sés dans les cachots ? » Non, Messieurs de la
courageuse opposition , dites-vous! Vous calom-
nierez, vous blasphèmerez, vous vociférerez tant
qu'il vous plaira, les défenseurs du trône sont
plus nombreux que jamais, leurs intentions sont
pures et fermes , et la devise de ce ministère, que
vous redoutez tant, et qui selon vous, brûle, dé-
truit, écrase et anéantit tout, sera toujours : gloire,
honneur, franchise et courage.

Dans la crise universelle qui se prépare, la France
marchera toujours d'un pas ferme et non chancelant. Les ministres du Roi n'ont dans l'esprit que
des vues sages et modérées, sans le secours desquelles
il serait impossible de pouvoir gouverner un
peuple aussi brave et aussi éclairé que le peuple
Français.

On se plaint de la composition de ce ministère;
mais quels sont ses actes enfin, ses destitutions ?
Rien de l'arbitraire n'a ouvert sa marche. La
France, libre et florissante, étouffera dans son sein le
germe d'une faction que la fermeté et la sagesse
des conseillers de la couronne ne peut, ne doit,
ni ne veut tolérer, puisque tous les ressorts de
cette même faction ne tendent à rien moins qu'à
désoler la patrie et à la couvrir de deuil.

Les dernières sessions furent longues ; de
grandes discussions y furent agitées par toutes les
nuances d'opinions; de nombreuses concessions y
furent faites par le dernier ministère, qui emporte,
dit-on affectueusement, les regrets universels de
la France....... Que la France, que la patrie

a-t-elle recueilli de ces grands débats ? Où sont les économies ? De quoi les contribuables ont-ils été degrevés ? Le fardeau était certes bien lourd, son poids est à peine sensiblement diminué !

Ce ministère nouveau qui, selon les révolutionnaires, est si chancelant, couvert d'opprobres, de sang et de crimes ineffaçables, n'a pas fait autant de démonstrations que le ministère Martignac, mais à peine s'est-il assis que déjà ses actes sont plus efficaces. L'arrivée au pouvoir de ces zélés défenseurs du trône, a été marquée par une utile, indispensable et véritable économie : deux ministères sont réunis, affaires ecclésiastiques et instruction publique ; celui du commerce supprimé : 240,000 fr. d'économie réelle, voilà certes un commencement de preuve du dévouement sincère et courageux du ministère nouveau ! jadis on ne pensait pas ainsi. Les deux ministères (affaires ecclésiastiques et instruction publique) étaient réunis dans un même hôtel, rue des Saints-Pères, n°. 24 ; hôtel très vaste et très suffisant sous tous les rapports, et l'idée d'économie n'y fut que mesquine, encore qu'elle ne pesât seulement que sur les traitemens, quoique déjà bien exigus, des employés subalternes et dont le nombre était à peine suffisant. Mais que devinrent ces économies ? Tournèrent-elles au profit du trésor ? Oh ! non, ces économies mêmes furent reversibles sur Messeigneurs, sans excepter MM. les chefs de division. Quelque temps après un hôtel, rue de Grenelle-Saint-Germain, n°. 116, fut acheté 450,000 fr. à M.me de Ste.-Aldegonde, pour le ministère de l'instruction publique ; M. de

9

Vatisménil avait d'abord conclu son premier marché au prix de 480,000 fr.; mais des avis arrivés assez promptement, valurent à la caisse de l'Université une économie de 30,000! dépenses vaines et superflues que l'on peut, à juste titre, qualifier de dilapidations, dès-lors que l'hôtel de la rue desSaints-Pères avait toujours suffi et suffirait encore au placement des deux ministères dont il s'agit. *Oh! quelles économies!* Ajoutez encore à toute cette dépense inutile, les sommes énormes employées en l'hôtel de la rue de Grenelle pour le rendre convenable au placement des bureaux et au logement de M. de Vatisménil!!!

Savez-vous autre chose; en parlant du ministère nouveau, MM. les libéraux se disent, et néanmoins avec une espèce de vraisemblance :

« N'importe ce changement subit de ministres,
» nous saurons toujours ce qui se passera et fera
» parmi eux, à moins qu'ils ne fassent une épu-
» ration, tant dans les chefs de divisions que dans
» les employés des bureaux inférieurs, et encore
» même des garçons de bureaux; car nous en
» avons la plupart de notre côté!!! » Voilà ce que les partisans de la faction anti-royaliste se disent à l'oreille, et qu'ils croient ne pas devoir être divulgué, ou, disent-ils encore, nous serions aux abois; je laisse cette imprudence de leur part à la réflexion de quiconque lira cette petite brochure, dictée par le sentiment de respect et de dévouement pour la famille royale et la patrie; j'oserais même prier que cet avis ne soit pas abandonné!...

Les feuilles libérales s'écrient avec cette audace et cet orgueil qui les caractérisent : « Le ministère » Polignac n'aura pas la majorité dans la Cham- » bre héréditaire, et encore moins dans celle » élective. » Pourquoi préjuger ainsi ? pourquoi cette prédiction, cette prophétie téméraire ? Se- rait-il dont impossible de trouver au sein de la Chambre des nobles pairs et de celle de MM. les députés, des amis de la monarchie, des hommes d'honneur, et des hommes assez courageux pour la défendre, et qui, las enfin de voir la patrie de- puis si long-temps affligée du fléau de ce parti immoral et séditieux qui la tourmente sans cesse, qui la déchire et en divise les enfans, qui ne songe qu'à l'envahissement des emplois, des fortunes, et peut-être à vouloir encore faire des biens mêmes de nos illustres pairs et de ceux de MM. les députés de nouveaux domaines nationaux ! qui las, dis-je, de tant de trames et de secousses dangereuses, de noirs projets, de coupables intentions et de crimi- nels complots, ne voudraient ou ne sauraient mettre un frein, une barrière, des bornes à de pa- reils désordres !... Non, les horreurs, les forfaits inouis du siècle précédent ne peuvent être effacés de la mémoire des ministres du Roi et des cham- bres, uniquement établies pour rendre à la France cet état de paix, de concorde et de bonheur, et que le parti libéral veut lui arracher ; le souvenir de nos maux ne peut être perdu que dans la nuit des temps.

Ces faits sont positifs, et leurs diatribes contre

le gouvernement du Roi vont jusqu'aux personnalités ! jusqu'aux injures, et contre le trône et contre l'autel.

Que d'abus criminels de cette liberté de la presse..... ! Qu'il est à regretter que le projet de loi sur la répression des abus de cette presse ait été abandonné..... ! La faction licencieuse laisse voir très clairement, maintenant, dans quels desseins, dans quel but elle employa tant d'odieux moyens pour en obtenir le retrait..... ! Quelle a donc été sa reconnaissance envers le monarque qui a ordonné ce retrait ? et depuis cet acte de générosité, de concession vraiment royale, comme d'un père à des enfans, qui lui ont promis plus de modération et de retenue à l'avenir, a-t-elle tenu parole, cette faction ? s'est-elle renfermée dans les bornes de l'honnêteté, de la décence et de la loyauté ? Non sans doute. Au contraire ce premier triomphe a enhardi l'indécence, les personnalités, les calomnies, les injurieuses épithètes contre le gouvernement du meilleur des rois, et a conspiré contre son autorité et ses augustes et légitimes prérogatives !..... O ingratitude !..... ô reptile réchauffé dans le sein du juste, toute ta gratitude sera-t-elle donc toujours *crescendens* en ingratitude ! Ton inimitié, ta haine marquée contre la puissance royale ne laissent aucun doute sur la fourberie de tes insidieuses et perfides protestations d'attachement à ce grand et généreux prince ; il n'est et ne peut être la dupe de ta félonie, il la connaît.....

Que penserait la faction libérale, de celui qui

ayant juré fidélité et dévouement à son cabinet directeur, à cette espèce de loge maçonnique, trahi-
rait son serment, abuserait de sa confiance , et se
tournerait contre elle ? Il serait traité de parjure ,
et mériterait sans doute les plus fortes punitions,
et déclaré indigne d'emploi de la *loge* ou du *cabi-*
net : en cela il y aurait justice.

Si donc le parjure mérite non seulement
le blâme , mais une punition, même exem-
plaire, je suppose ! que doit mériter, à son tour,
le fonctionnaire resté constamment fidèle à
son prince , et sans se permettre la moindre
atteinte au serment qu'il lui a fait de remplir cou-
rageusement les obligations de sa place ? Certes un
tel magistrat serait digne des plus grands éloges,
et continuerait à mériter, à juste titre , la confiance
du prince, la confiance du monarque et des pre-
miers dépositaires de sa puissance royale. En cela
il y aurait aussi justice.... Ce dilemme, certes, n'est
pas difficile à résoudre ; et quelque injuste qu'un
homme puisse être, il sera toujours obligé, sinon
forcé, de louer la fidélité du serment, et l'incor-
ruptibilité de celui qui l'avait promise avec serment. Mais qu'attendre des passions qui dégradent
le cœur de l'homme, et lui ôtent même jusqu'à
l'ombre du sentiment de l'équité, sinon celui de
l'iniquité, et tout ce qu'elle est capable de conce-
voir, engendrer et produire de mauvais. Les journaux libéraux viennent d'en produire, contre leurs
rédacteurs mêmes, la preuve la plus complète, à
l'égard d'un magistrat qui fut et restera toujours

intègre dans toutes les fonctions où il plaira au Prince de l'appeler, parce que le Monarque a reconnu dans ce fonctionnaire toutes les vertus qui caractérisent l'homme de bien, et parce que ce même magistrat, que Metz, sa ville natale, honore lui et les siens, a eu le courage de sévir contre la faction conspiratrice, dont le but était de renverser le trône légitime des Bourbons; parce que M. le préfet de police, *actuellement en fonctions*, n'a pas été parjure au serment de fidélité qu'il avait prêté au Roi, en occupant, près la Cour royale de Poitiers, la place que ce Monarque lui confia, et où les conspirateurs contre le trône légitime des Bourbons, contre le trône de France enfin, furent jugés et condamnés à la peine due à leur crime; le parti anti-monarchique s'est écarté de toute justice, comme du respect dû à la loi, en faisant au nouveau préfet un crime d'avoir été juste, ou plutôt de son intégrité et de sa fidélité au Roi, en remplissant l'obligation de magistrat organe de la loi, dont l'exécution lui était alors confiée; et si le sang des coupables a été le prix, la juste punition de leurs attentats au régicide, c'est la loi même qui les a condamnés. Mais le reproche, aussi insensé qu'injuste et méchant, que les journaux ennemis du trône et de l'autel adressent à ce magistrat est donc une preuve que le libéralisme partage depuis longtemps les cyniques désirs des révolutionnaires, auxquels la postérité, même la plus reculée, reprochera éternellement celui dont ils ont arrosé la France entière. Français, qui aimez le Roi, la justice, l'ordre et la concorde, les feuilles libérales insultent en quelque sorte les députés, les mandataires de la nation et les pairs du royaume, en assurant positivement que le ministère nouveau n'aura pas la majorité dans la chambre héréditaire, et encore moins dans celle élective. N'est-ce pas comme si la faction qui menace par la voie de ses journaux, disait : nous emploierons tous les moyens, nous circonviendrons les membres de ces deux grandes autorités de l'État, pour les porter à seconder nos projets, nos complots; nous attaquerons l'autorité royale et ses prérogatives, et les nominations qu'elle a faites et se proposerait de faire, elles n'auront qu'une autorité et une action illusoire, tant qu'elle ne fera choix à notre convenance et de notre goût! Quelle abominable menace! en fut-il jamais de semblable sous le gouvernement de nos rois légitimes ! C'est comme un appel au peuple.

Oui ! nous le répétons, la France est sauvée ! pour elle va s'ouvrir un avenir brillant; le ministère royaliste qui nous régit, et qui est maintenant à la tête du pouvoir, saura profiter de la position superbe où il se trouve pour déjouer les intrigues de ces factieux, qui chaque jour font de vains efforts pour renverser les nouveaux élus de la couronne.

Non, jamais ils ne parviendront à persuader le Monarque des dangers éphémères qui le menacent. Jamais notre belle patrie n'a été plus tranquille; nous sommes assurés d'avance de la prospérité de la France; et si quelques insensés cherchaient par leurs cris séditieux à troubler l'harmonie qui règne entre le Roi et son peuple, nous avons une magistrature juste et irréprochable, qui saurait mettre un frein à la licence de la presse, et qui ferait bientôt justice à quiconque s'écarterait du respect et de l'obéissance dus à leur Roi.

Voilà une esquisse véritable du tableau de la faction que nous avons dévoilée dans tout son jour; nous verrons si l'événement justifiera la prédiction. En définitive, nous sommes sûrs de nos consciences et de notre dévouement éternel au Roi, à la France, ainsi qu'à toutes nos institutions. Tels sont les sentimens de l'immense majorité de notre patrie, dont nous sommes les véritables organes.

Paris, 6 septembre 1829.